AF400071

CROQUIS

ÉTIENNE DAY

CROQUIS

(2023-2024)

2023

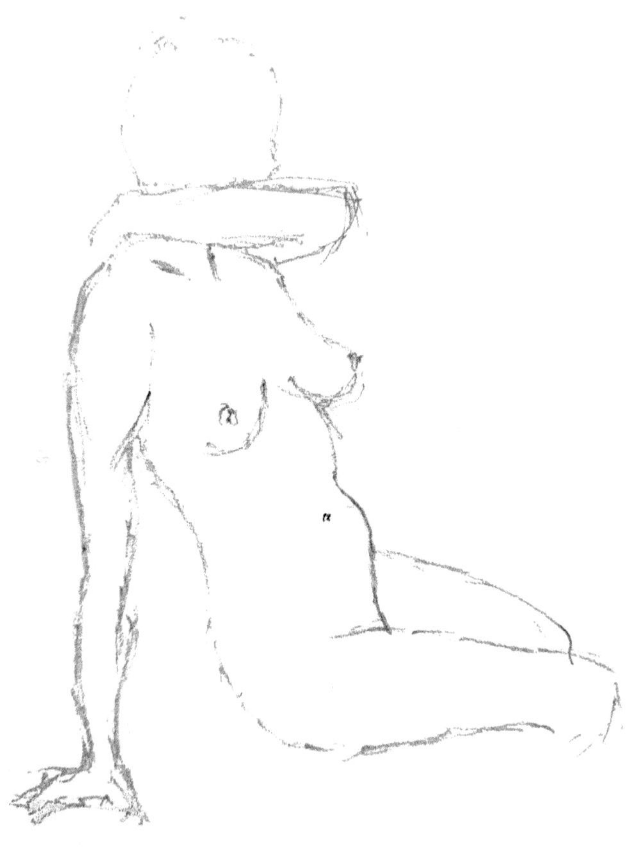

2023

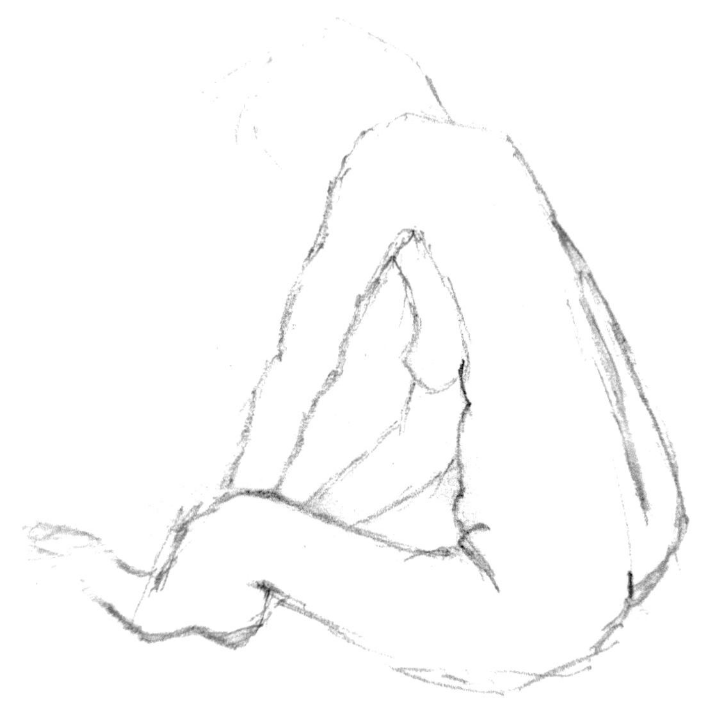

2023

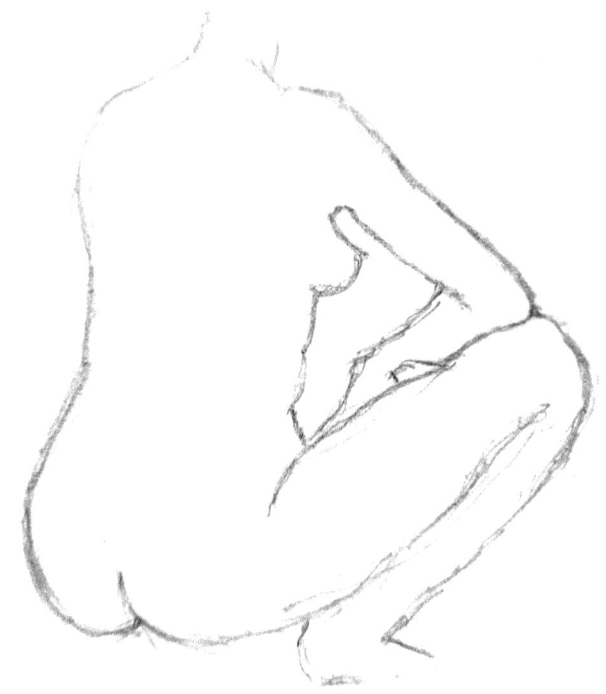

2023

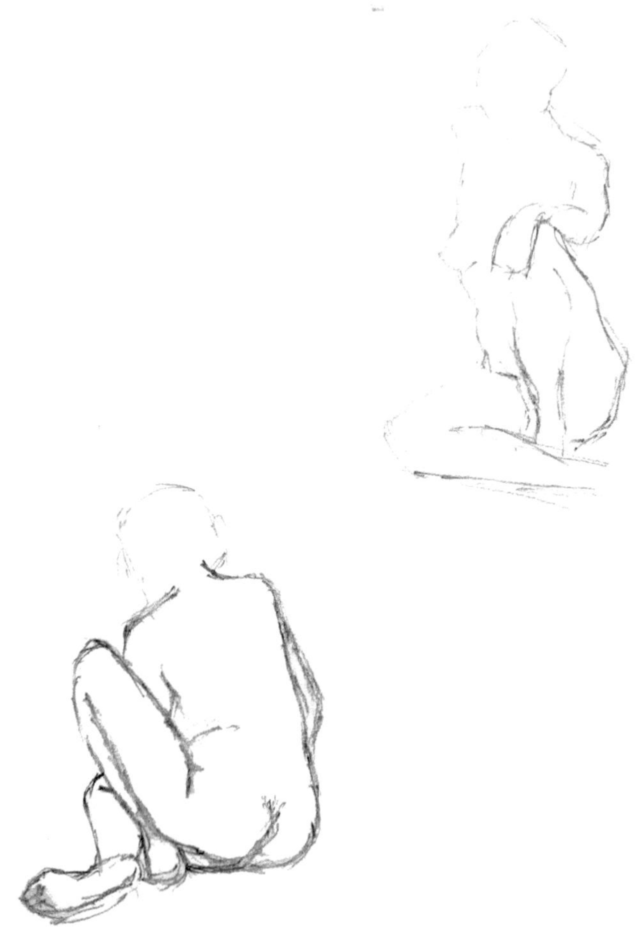

2023

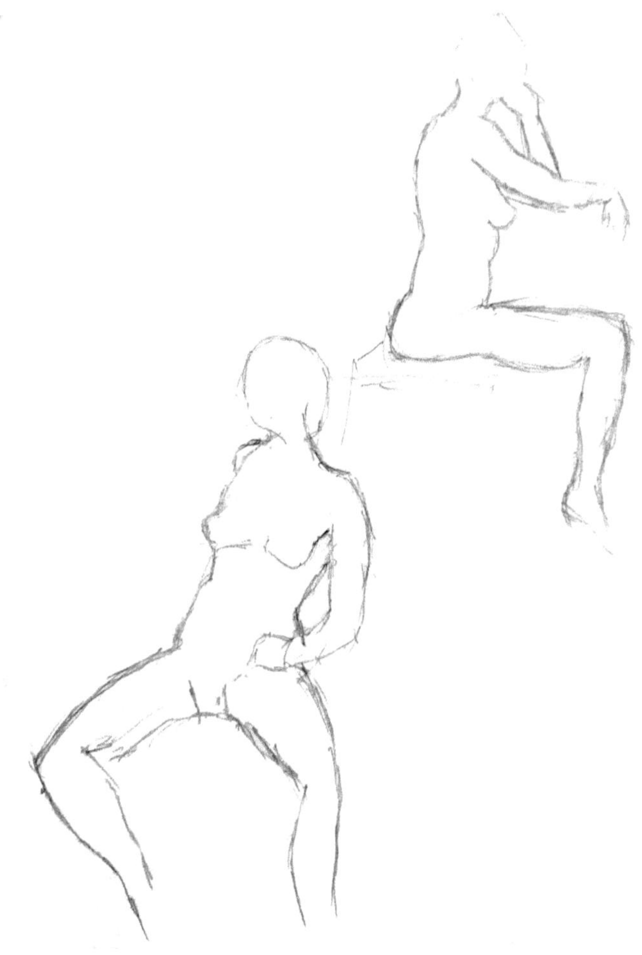

2023

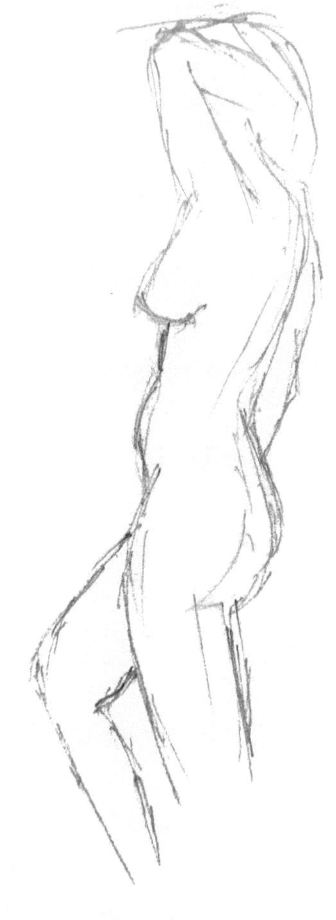

2023

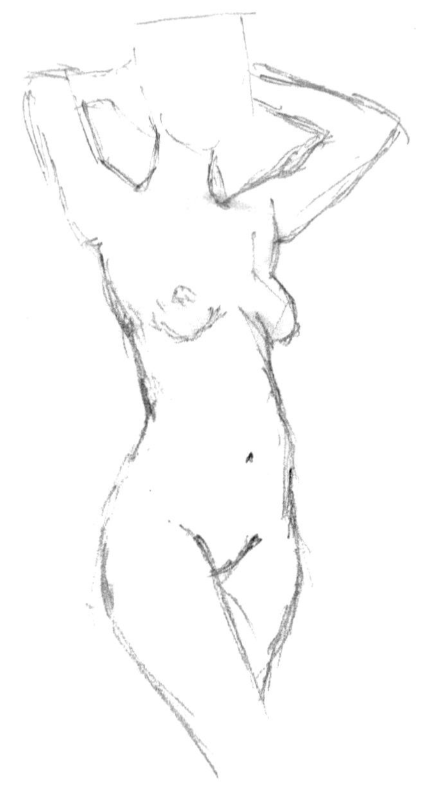

2023

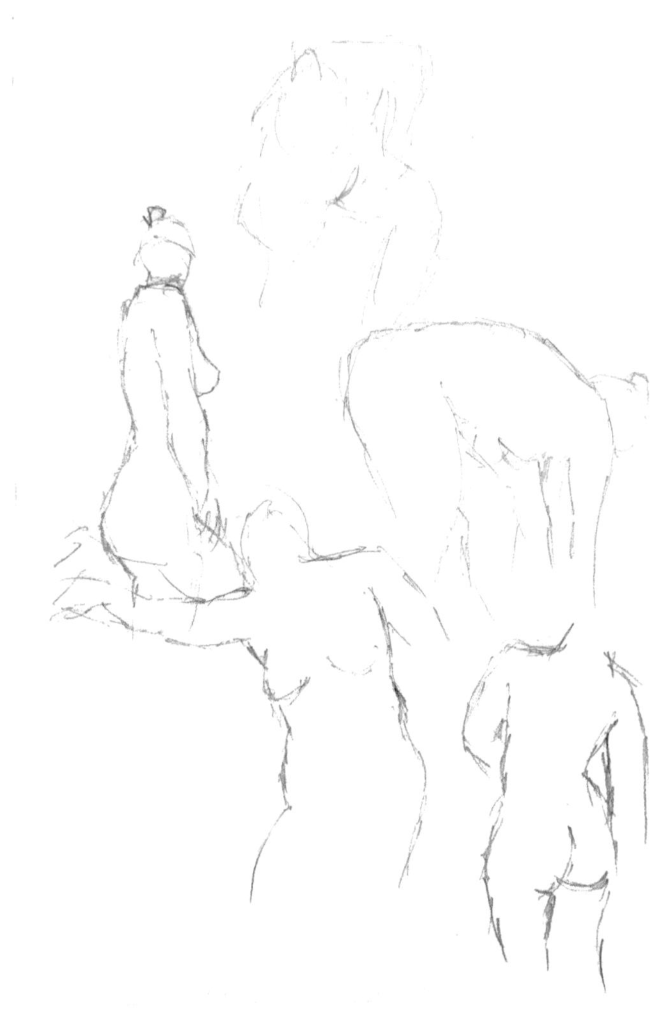

2023

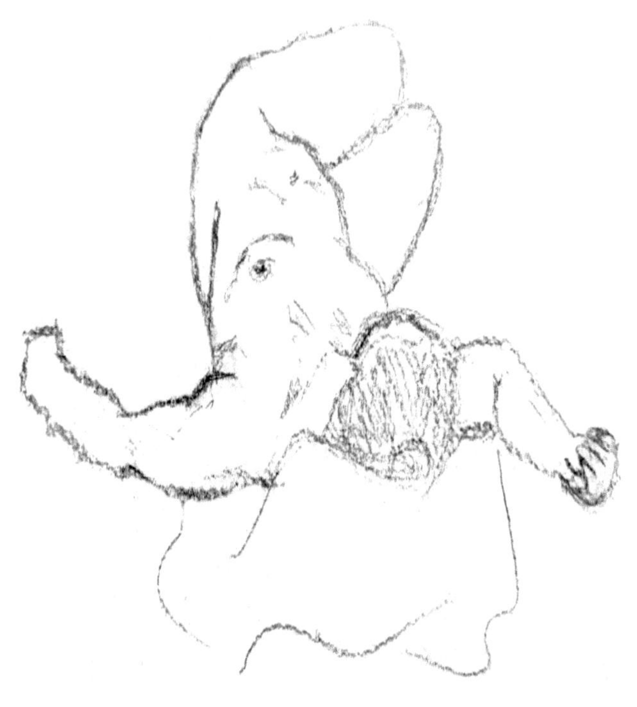

2023

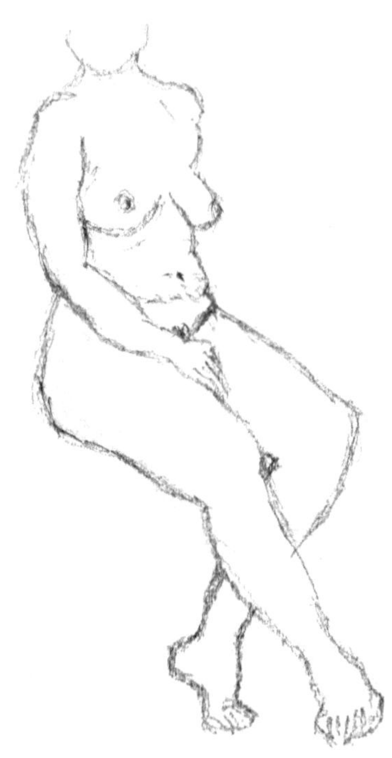

2023

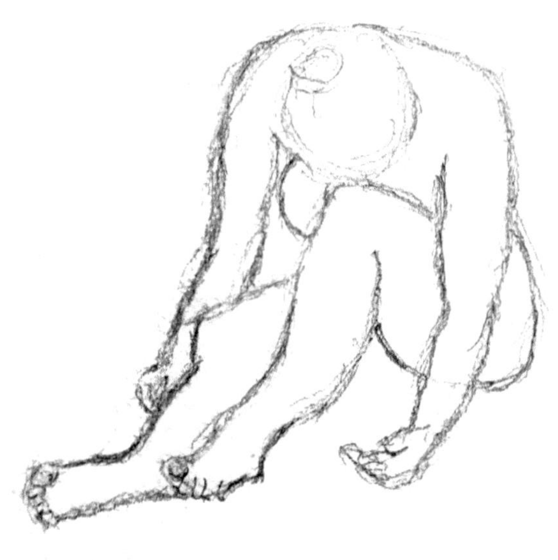

2023

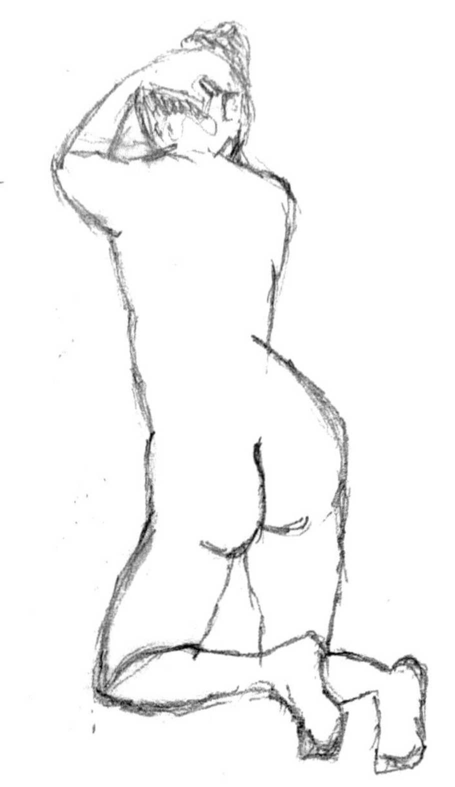

2023

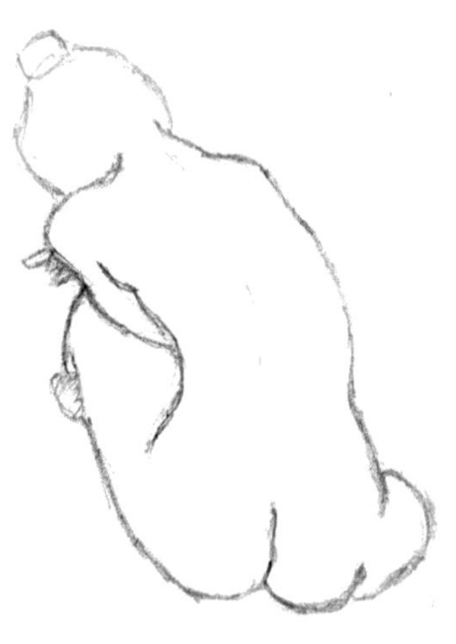

Louise

2024

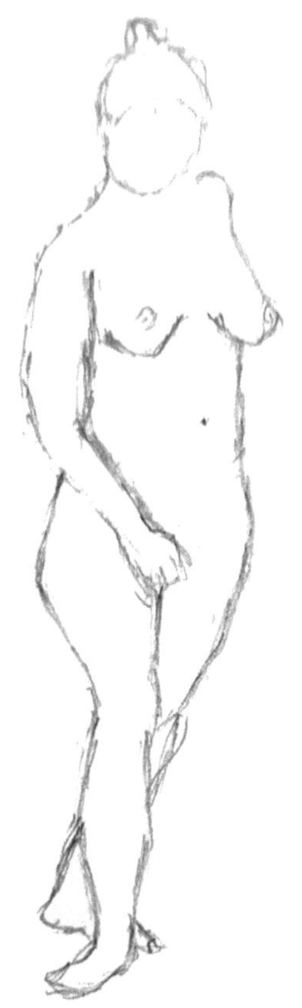

Louise

2024

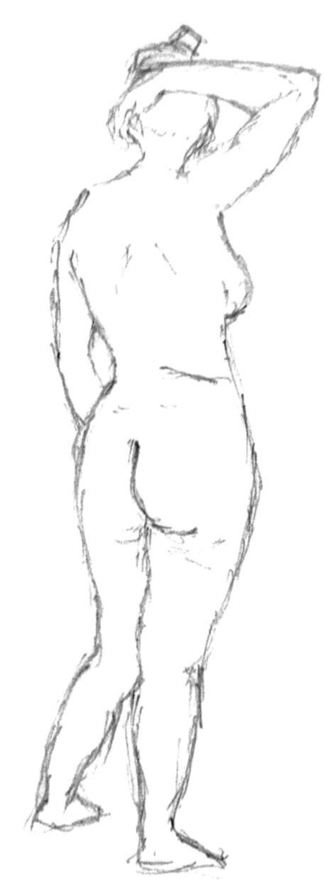

Maria

2024

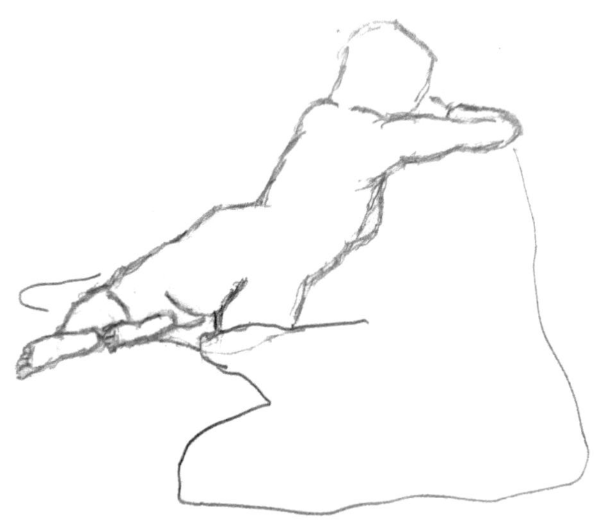

Maria

2024

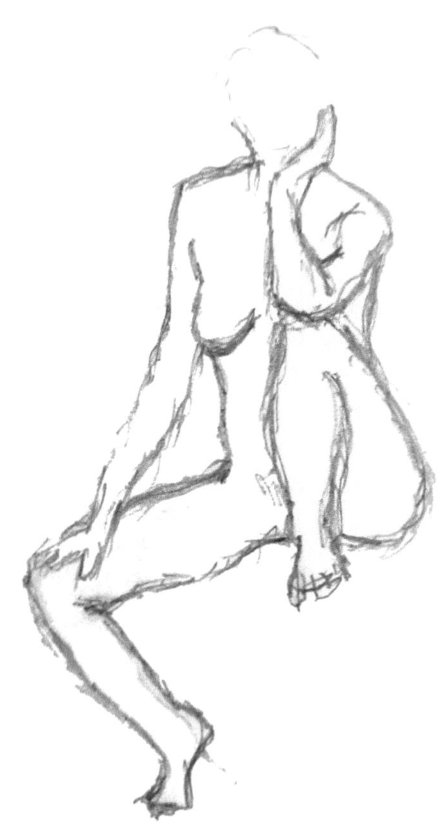

Maria

2024

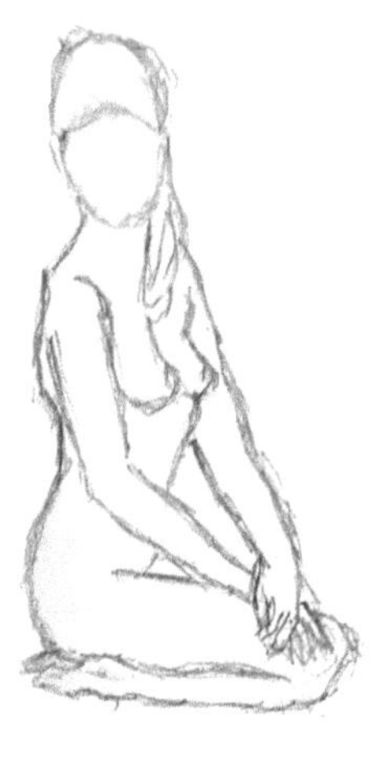

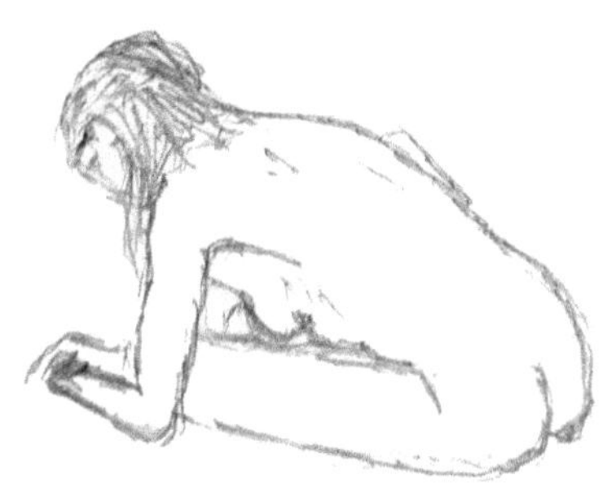

Gisèle

2024

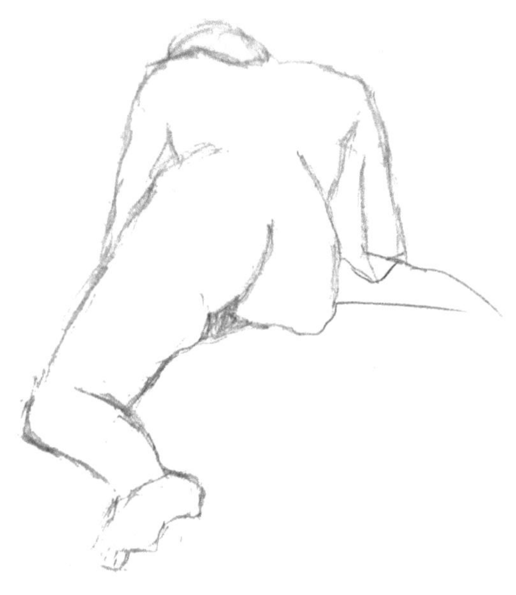

Gisèle

2024

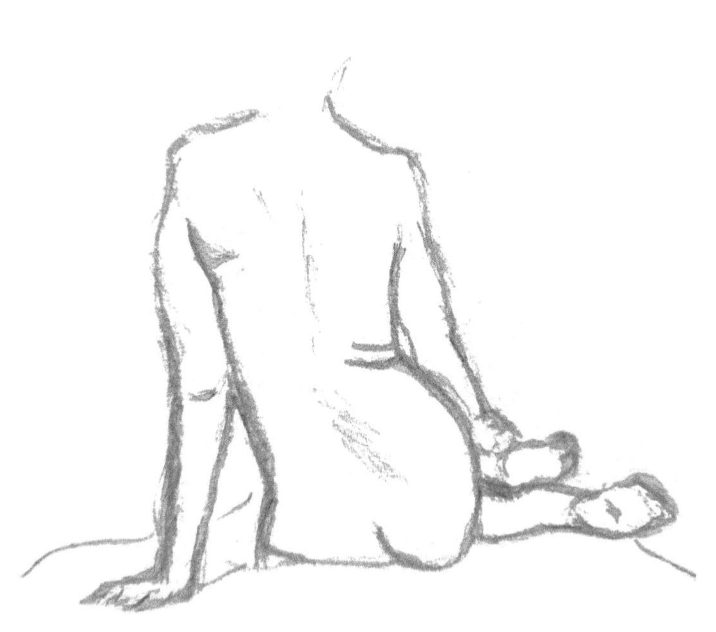

Maria

2024

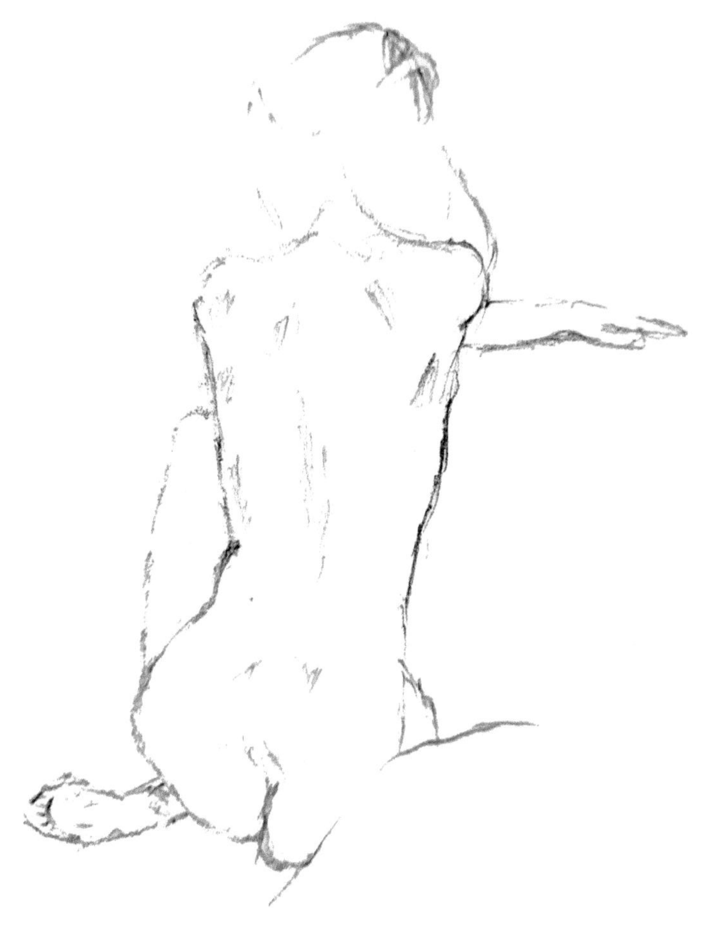

Louise

2024

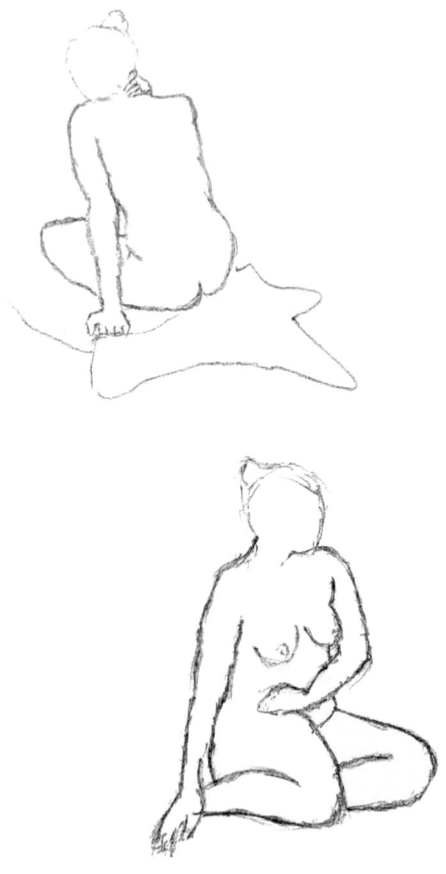

Louise

2024

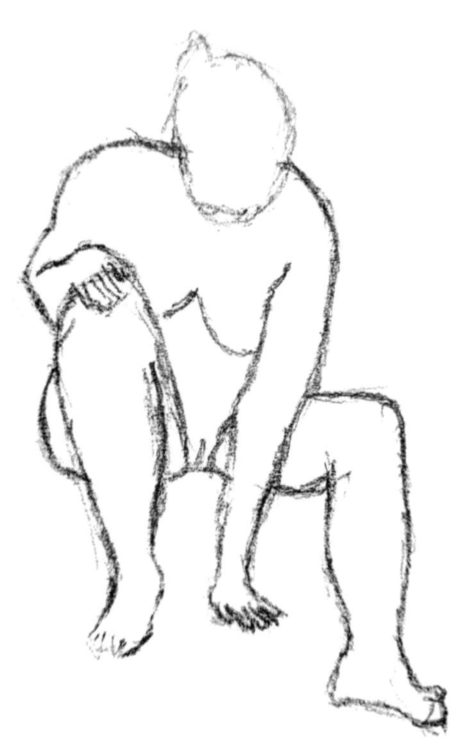

Louise

2024

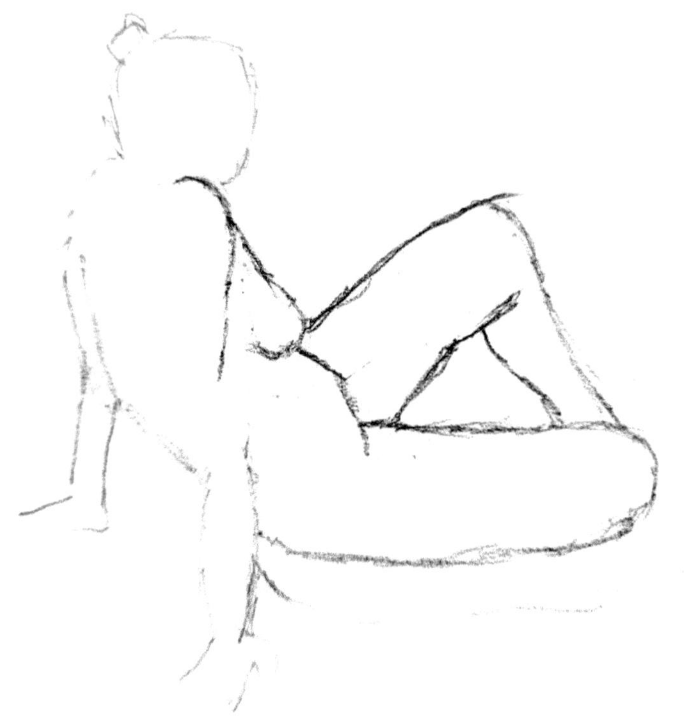

Delphine

2024

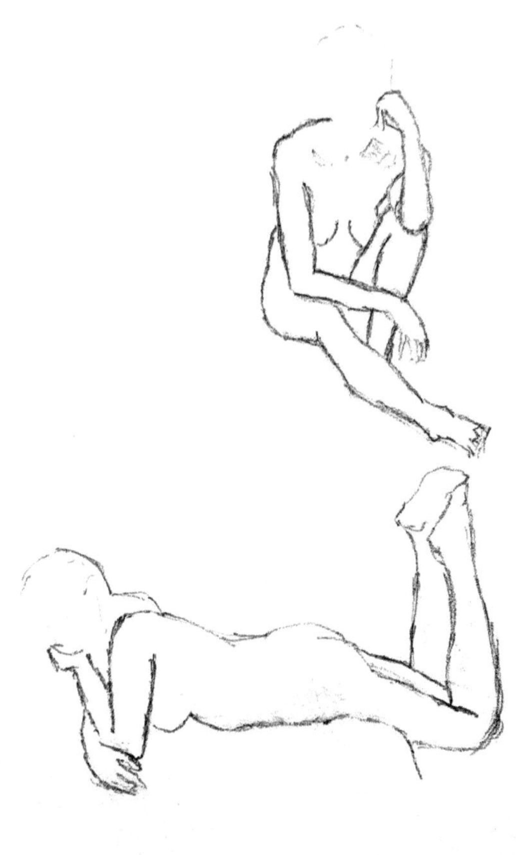

Delphine

2024

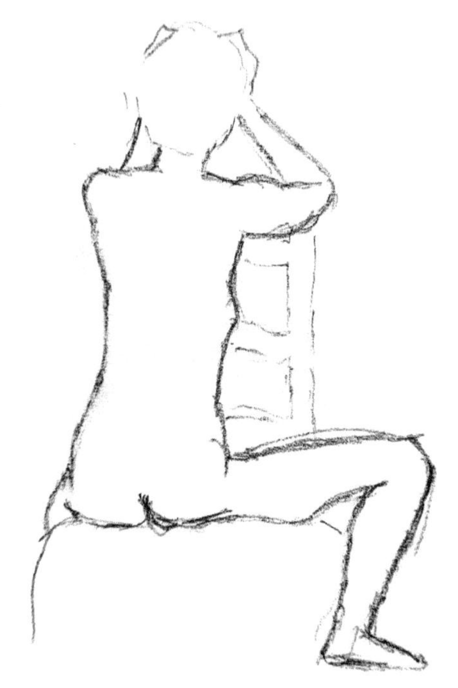

Delphine

2024

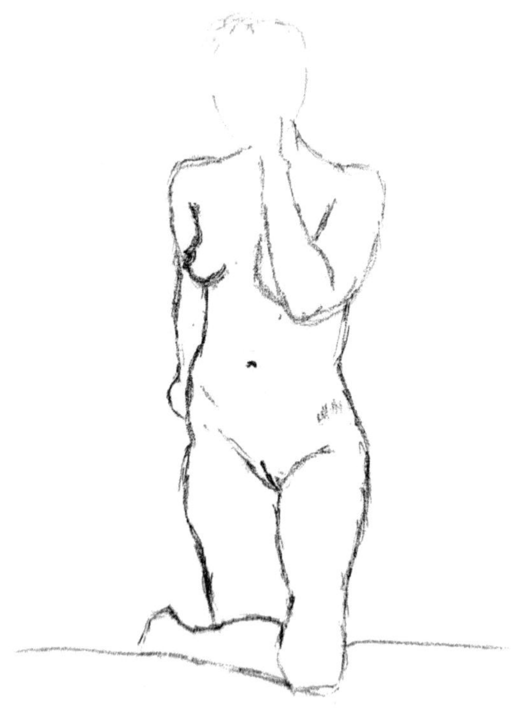

Delphine

2024

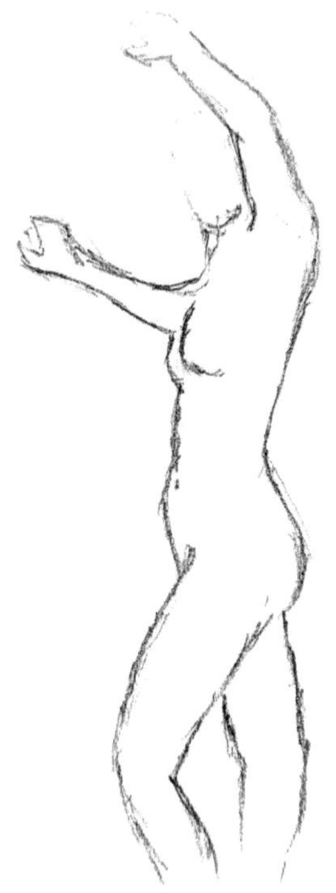

Camélia

2024

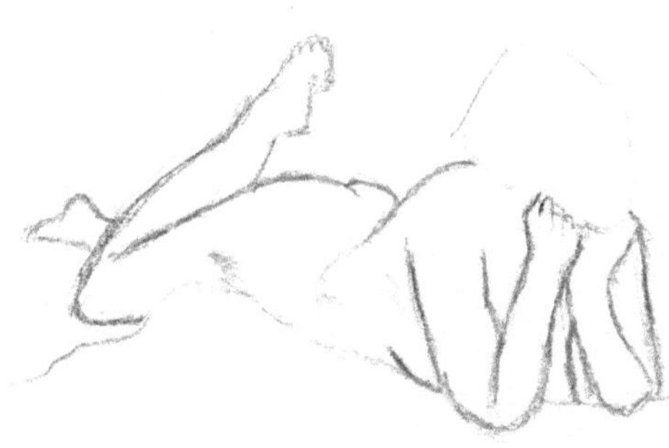

Camelia

2024

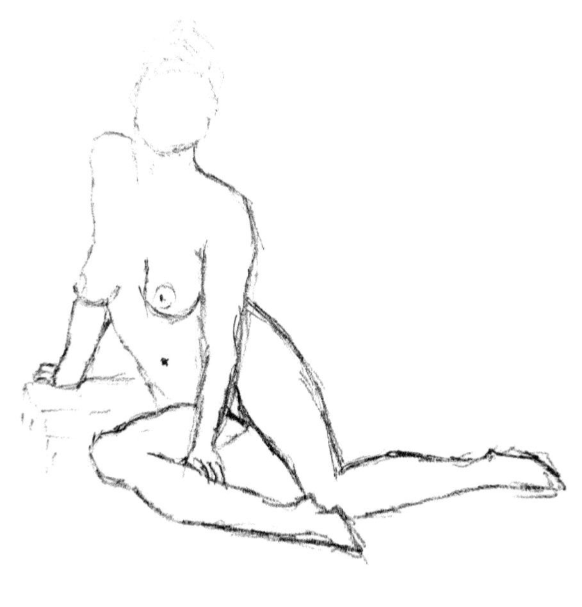

Camélia

2024

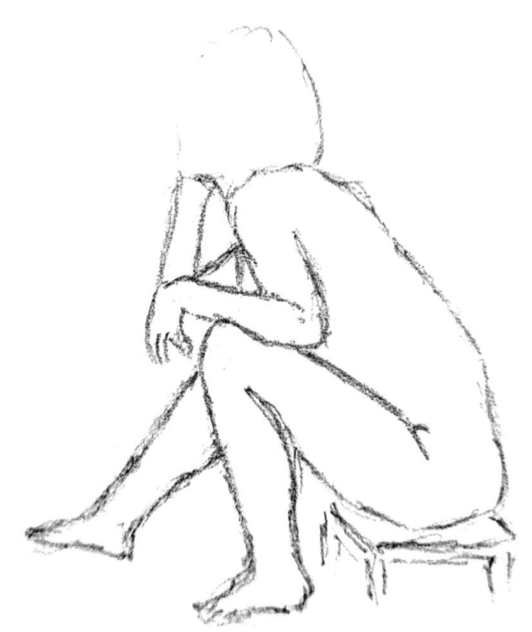

Camélia

2024

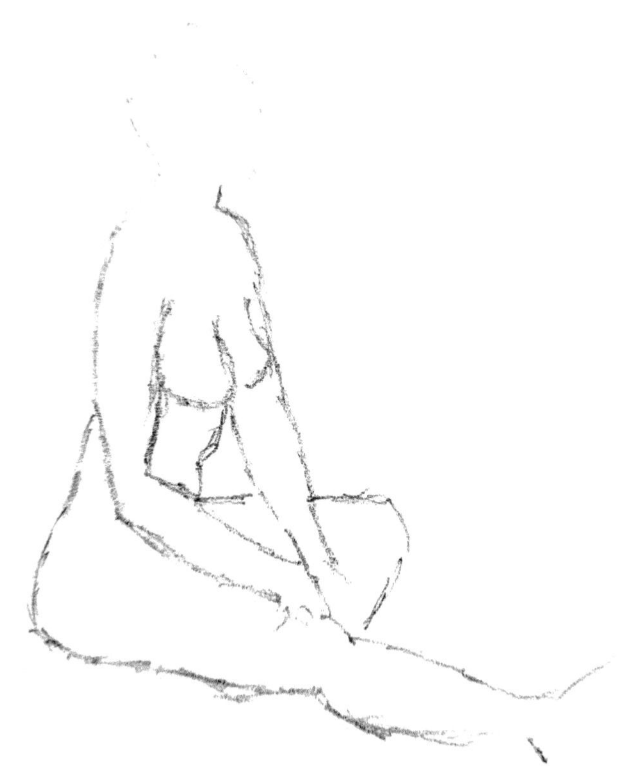

Camélia

2024

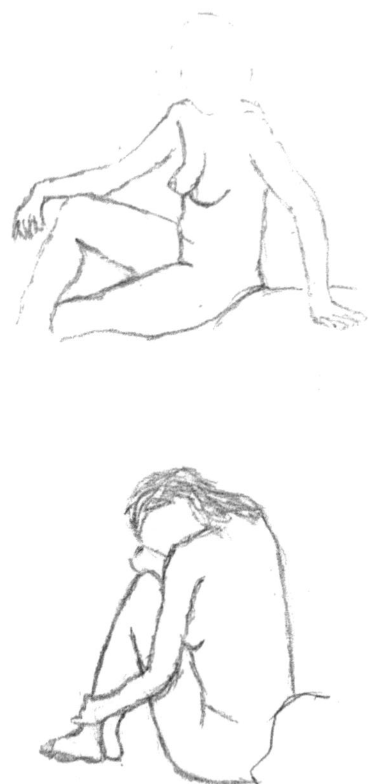

Louise

2024

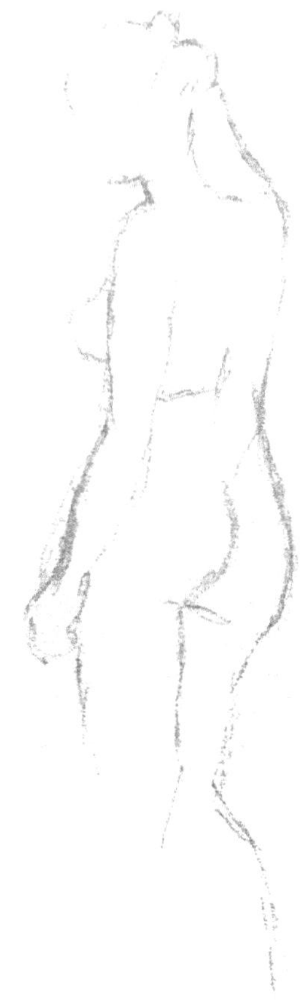

Louise

2024

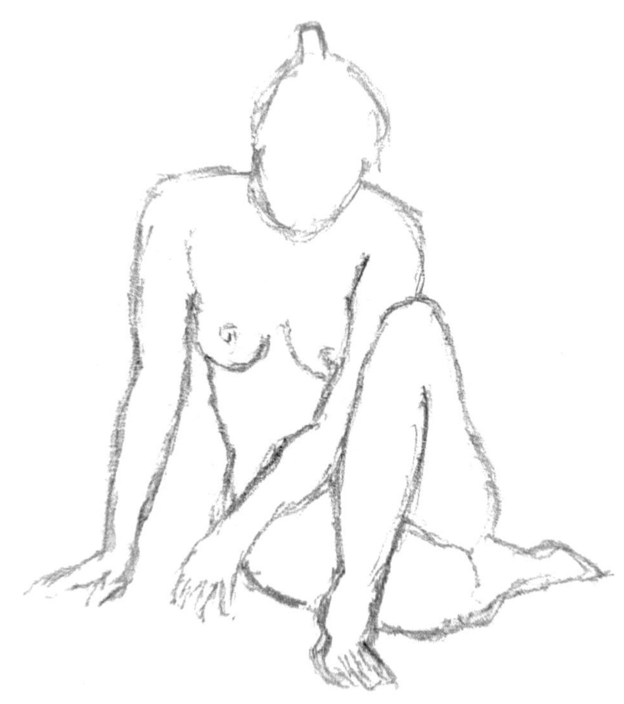

Louise

2024

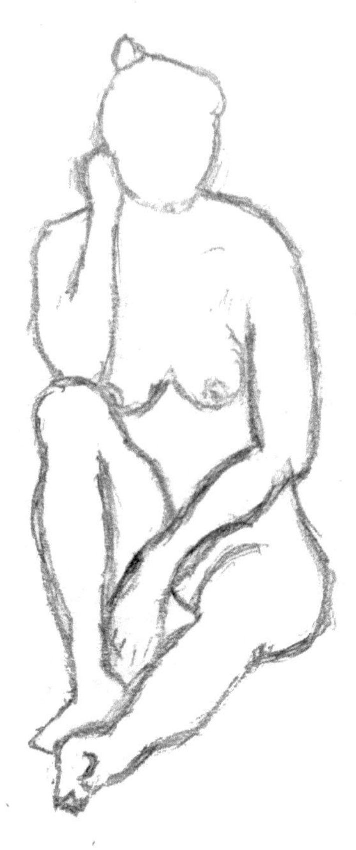

Sonia

2024

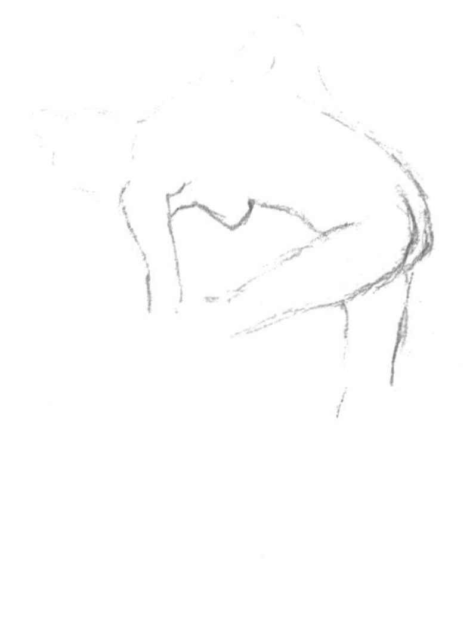

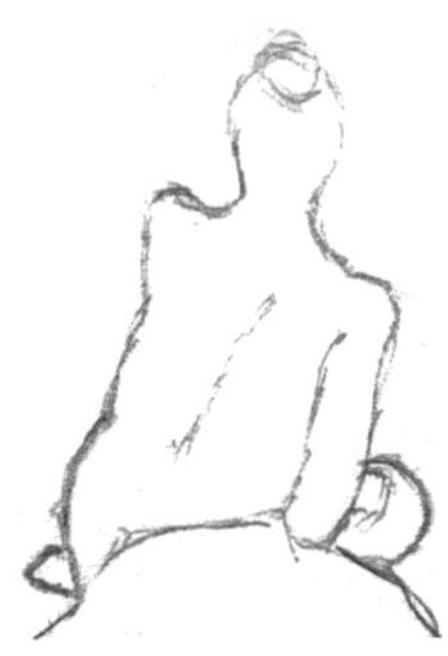

Sonia

2024

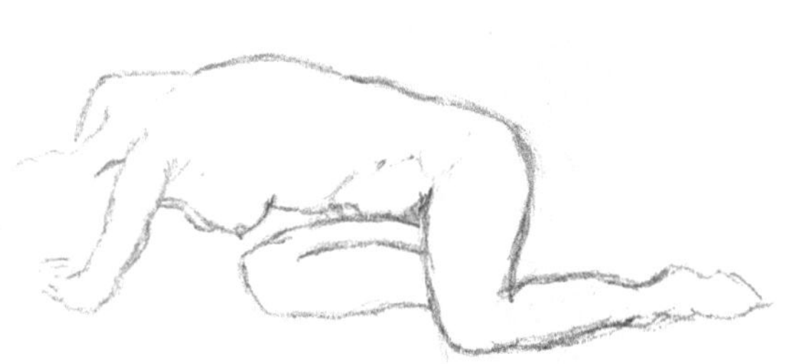

Jessica

2024

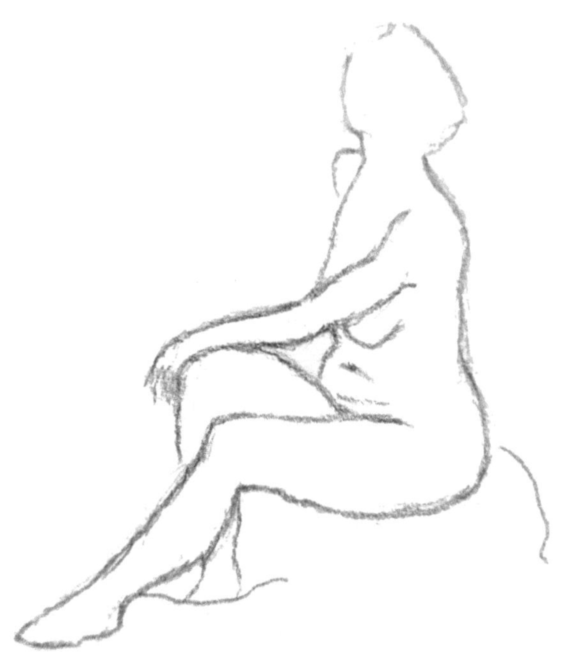

Jessica

2024

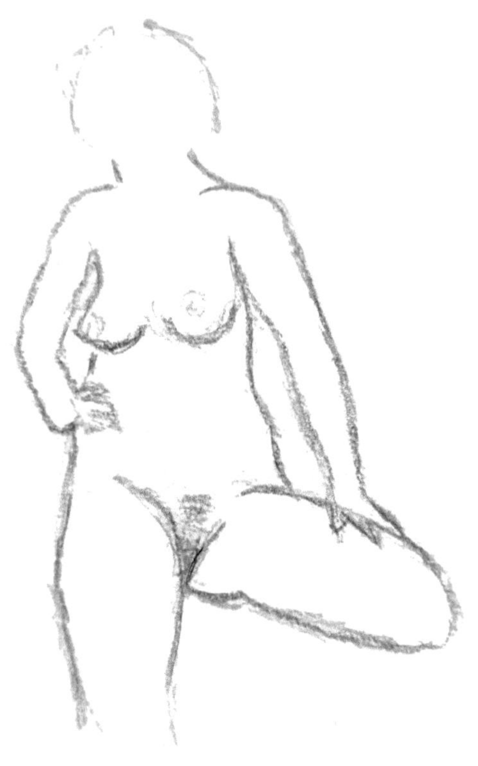

Jessica

2024

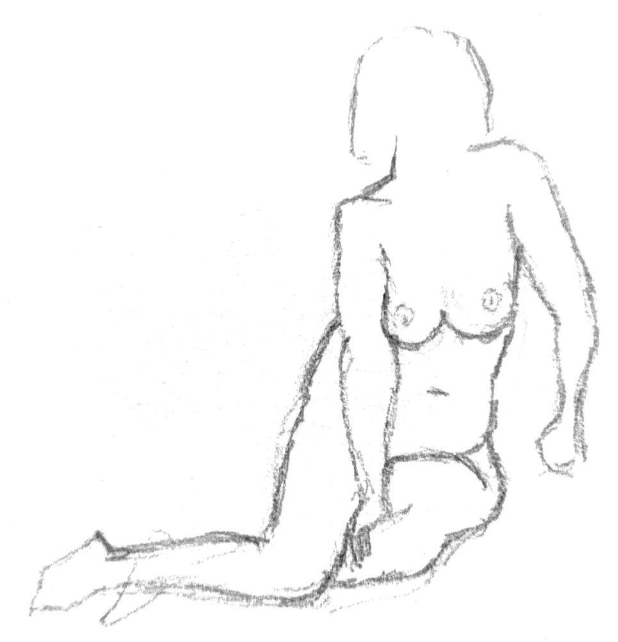

Jessica

2024

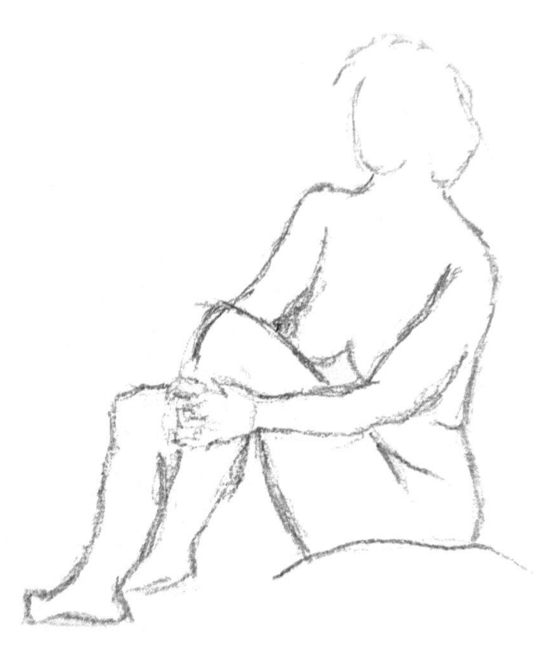

Jessica

2024

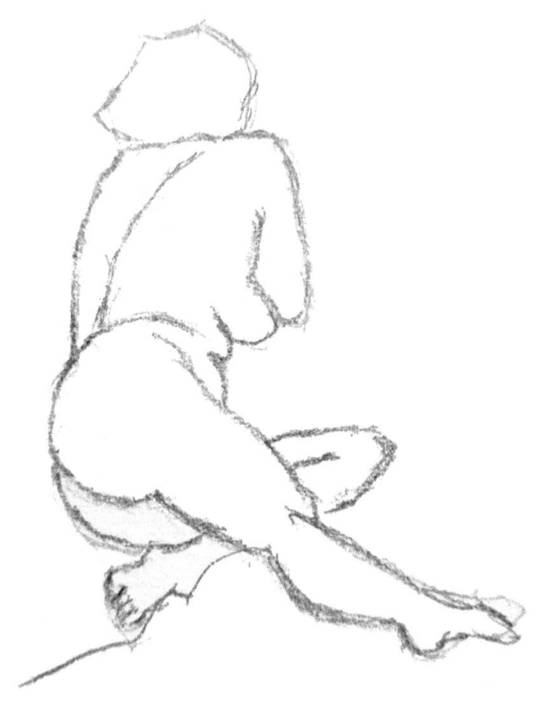

Maud

2024

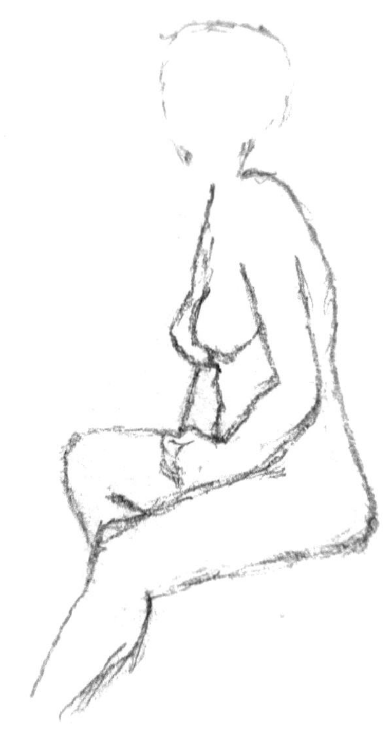

Maud

2024

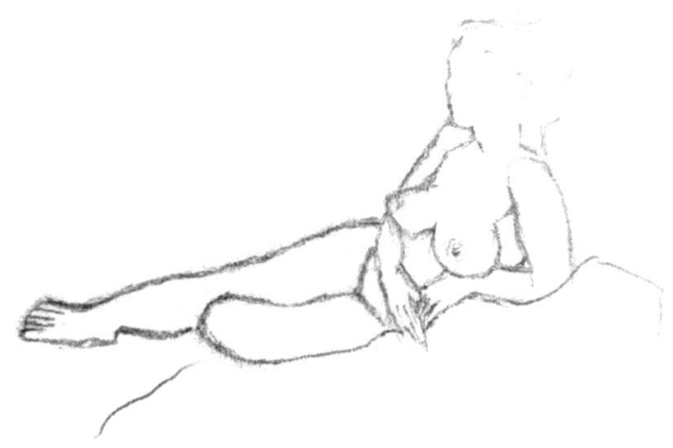

Maud

2024

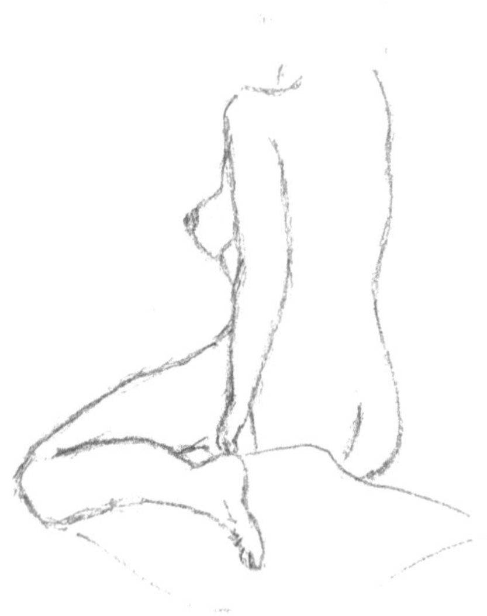

Dessins réalisés dans le cadre de
l'Atelier Modèle Vivant
de la Société Artistique
de Fontenay-le-Fleury (Yvelines)

PUBLICATIONS D'ÉTIENNE DAY

Mel ou la nappe bleue, roman (2003)
La Renverse, roman (2013, 2021, 2024)
Bref, chroniques (2022, 2023)
Mésanges, poèmes (2023)
De mes terres, photographies (2023)
Automne à Giverny, photographies (2023)
Croquis, dessins (2024)

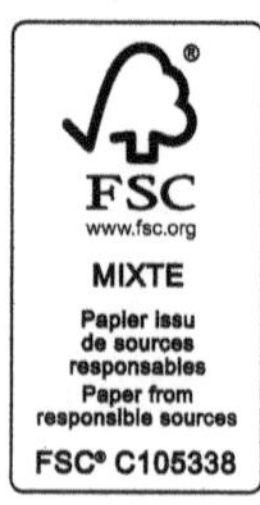

© Étienne Day, 2024

Édition : BoD • Books on Demand GmbH, In de Tarpen 42,
22848 Norderstedt (Allemagne)
Impression : Libri Plureos GmbH, Friedensallee 273,
22763 Hamburg (Allemagne)
ISBN : 978-2-3224-9614-3

Dépôt légal : Septembre 2024